찬송가를 쓰다 듣다
내 삶에 스며들다

쓰며
듣다

찬송가를 쓰다 듣다
내 삶에 스며들다

쓰며
듣다

마음지기 편집부 엮음

CONTENTS

편집 후기   8
음원 듣는 방법   10

하나님의 크신 사랑	014	웬 말인가 날 위하여	038
만유의 주재	016	예수 나를 위하여	040
피난처 있으니	018	주 달려 죽은 십자가	042
주 하나님 지으신 모든 세계	020	갈보리산 위에	044
구주를 생각만 해도	022	빈 들의 마른 풀	046
내 진정 사모하는	024	내가 매일 기쁘게	048
주 예수 내가 알기 전	026	나 주의 도움 받고자	050
예수는 나의 힘이요	028	성자의 귀한 몸	052
주 예수보다 더 귀한 것은 없네	030	내 주의 보혈은	054
나의 기쁨 나의 소망 되시며	032	샘물과 같은 보혈은	056
나 어느 날 꿈속을 헤매며	034	죄에서 자유를 얻게 함은	060

고통의 멍에 벗으려고	062	내 구주 예수를 더욱 사랑	084
인애하신 구세주여	064	내 주 되신 주를 참 사랑하고	086
예수를 나의 구주 삼고	066	날 대속하신 예수께	088
주 없이 살 수 없네	068	예수 나를 오라 하네	090
내 맘이 낙심되며	070	환난과 핍박 중에도	092
지금까지 지내온 것	072	내 주를 가까이하게 함은	094
내 주 하나님 넓고 큰 은혜는	074	주 믿는 사람 일어나	096
날 위하여 십자가의	076	내 기도하는 그 시간	098
그 크신 하나님의 사랑	078	어두운 내 눈 밝히사	100
나 같은 죄인 살리신	080	주 예수여 은혜를	102
아 하나님의 은혜로	082	죄 짐 맡은 우리 구주	106

주 안에 있는 나에게	108	내 평생에 가는 길	132
나의 생명 되신 주	110	주 날개 밑 내가 편안히 쉬네	134
너 근심 걱정 말아라	112	주님의 뜻을 이루소서	136
눈을 들어 산을 보니	114	주와 같이 길 가는 것	138
나의 갈 길 다 가도록	116	귀하신 주여 날 붙드사	140
오 놀라운 구세주	118	내 영혼이 은총 입어	142
오 신실하신 주	120	저 장미꽃 위에 이슬	144
주의 친절한 팔에 안기세	122	태산을 넘어 험곡에 가도	146
곤한 내 영혼 편히 쉴 곳과	124	주 음성 외에는	148
구주와 함께 나 죽었으니	126	예수 따라가며	150
내 맘에 한 노래 있어	128	내 모든 소원 기도의 제목	152
내 영혼의 그윽히 깊은 데서	130	예수 더 알기 원하네	154

주님의 마음을 본받는 자	156	내 주여 뜻대로	180
십자가를 질 수 있나	158	시온의 영광이 빛나는 아침	182
참 아름다워라	160	예수 사랑하심을	184
이 세상에 근심된 일이 많고	162	선한 목자 되신 우리 주	186
어두움 후에 빛이 오며	164	내 주는 강한 성이요	188
이 몸의 소망 무언가	166	어느 민족 누구게나	190
만세 반석 열리니	168	공중 나는 새를 보라	192
하나님의 진리 등대	170	넓은 들에 익은 곡식	194
옳은 길 따르라 의의 길을	172	찬양하라 내 영혼아	196
너 예수께 조용히 나가	174	하늘에 계신	198
주의 음성을 내가 들으니	176		
구주 예수 의지함이	178		

편집 후기

최근 들어 우리의 일상이 참으로 많이 변했습니다. 마스크는 이제 신체 일부처럼 되었고, 마스크가 없는 세상은 상상할 수도 없게 되었습니다. 그와 함께 우리에게 익숙한 단어들도 생겼습니다. 그중 하나가 '비대면언택트, untact'입니다. 수업도, 업무도, 예배 및 소그룹 모임도, 심지어 가족 또는 친구 모임까지 대부분의 영역에서 비대면이 익숙해져 갑니다. 예배나 회의, 수업은 물론이고 회식까지 각자 집에서 음식을 준비해 놓고 온라인으로 얼굴을 보며 진행하기도 합니다. 상황이 이렇다 보니 비대면 시대를 살아가야 하는 성도들에게 필요한 것이 무엇이 있을까를 고민하게 되었습니다. '함께 모여 찬양하고 말씀을 나눌 수 없지만 혼자서 묵상할 수 있는 책, 그 책에 찬송을 더하면 좋지 않을까?'에서 시작된 것이 찬송가 필사 묵상집 『쓰며 듣다』입니다.

기존 필사책과 『쓰며 듣다』의 차별점은 찬송가 가사를 쓸 때, 해당 곡에 연주를 들으면서 쓸 수 있도록 했다는 것입니다. 찬송가는 찬송시에 아름다운 곡조가 합해진 것이기에 연주 음원을 QR코드로 만들어 함께 편집했습니다. 귀로는 찬송가 연주를 듣고, 눈으로는 가사를 보며, 손으로는 그 가사를 써 내려가면 됩니다.

이렇게 『쓰며 듣다』와 함께 묵상하다 보면 우리의 삶은 찬송이 되고,

삶의 은혜와 감동은 몇 배가 될 것입니다. 찬송가 가사를 통해 우리의 마음을 하나님께 고백하다 보면 지금의 어려움을 극복할 힘을 얻게 될 것입니다. 우리의 소망은 이 땅이 아닌 저 천국에 있으니까요.

혹시라도 익숙하지 않은 찬송가가 나와도 걱정할 필요가 없습니다. 해당 곡의 연주를 듣다 보면 어느새 그 곡이 익숙해질 테니까요. 이를 위해 유튜브 채널 <Worship Flow 워십플로우>, <Rhee Seung Kwon 이승권>, <CelLord 첼로드>에서 은혜로운 연주 음원으로 함께해 주셨습니다. 지면을 통해서 감사의 마음을 전합니다.

또한 『쓰며 듣다』의 수록된 모든 연주곡을 마음지기 유튜브 채널 <마음지기 Maumjigi>에 재생목록 '쓰며 듣다_찬송가' 카테고리에 목차 순으로 정리해 놓았습니다. QR코드를 통해서 음원 듣는 게 익숙하지 않은 분들은 유튜브에서 '마음지기'를 검색해서 들어가도 됩니다.

마지막으로 찬송가 가사와 함께 편집된 짧은 성경 구절도 꼭 묵상하고 외워보길 권합니다. 매 순간 말씀으로 우리에게 힘을 주시는 하나님을 경험하게 될 것입니다.

이제 준비되셨나요? 자 그럼 '찬송이 삶이 되는 시간' 속으로 함께 들어가 보실까요?

마음지기 편집부 올림

음원 듣는 방법

네이버 앱으로 QR코드 스캔하기

1. play 스토어에서 '네이버' 검색 후 앱 설치

2. 네이버 앱 실행 후 검색창 터치

   스마트폰 기종에 따라서 검색창에 렌즈가 바로 보이기도 합니다.

3. 중간에 있는 렌즈 아이콘 터치

4. 사각형 테두리 안에 QR 코드 넣기

5. '쓰며 듣다_찬송가' 터치

6. 찬송가 제목 터치

스마트폰 카메라로
QR코드 스캔하기

1. 카메라 앱 실행 후, 사각형 테두리 안에 QR 코드 넣기
2. '웹페이지' 터치
3. 찬송가 제목 터치

QR코드 스캔이 익숙하지 않을 경우,
마음지기 유튜브 채널에서 듣기

유튜브 접속 → '마음지기' 검색 → 마음지기 Maumjigi → 재생목록 '쓰며 듣다_찬송가' → 필사할 곡 선택(목차 순)

찬송하라
하나님을 찬송하라
찬송하라
우리 왕을 찬송하라

시편 47:6

하나님의 크신 사랑

1. 하나님의 크신 사랑 하늘에서 내리사
   우리 맘에 항상 계셔 온전하게 하소서
   우리 주는 자비하사 사랑 무한하시니
   두려워서 떠는 자를 구원하여 주소서

2. 걱정 근심 많은 자를 성령 감화하시며
   복과 은혜 사랑받아 평안하게 하소서
   첨과 끝이 되신 주님 항상 인도하셔서
   마귀 유혹받는 것을 속히 끊게 하소서

3. 전능하신 아버지여 주의 능력 주시고
   우리 맘에 임하셔서 떠나가지 마소서
   주께 영광 항상 돌려 천사처럼 섬기며
   주의 사랑 영영토록 찬송하게 하소서

4. 우리들이 거듭나서 흠이 없게 하시고
   주의 크신 구원 받아 온전하게 하소서
   영광에서 영광으로 천국까지 이르러
   크신 사랑 감격하여 경배하게 하소서

"하나님의 사랑이 우리에게 이렇게 나타난 바 되었으니"
요일 4:9

만유의 주재

1. 만유의 주재 존귀하신 예수
   사람이 되신 하나님
   나 사모하여 영원히 섬길
   내 영광되신 주로다

2. 화려한 동산 무성한 저 수목
   다 아름답고 묘하나
   순전한 예수 더 아름다워
   봄 같은 기쁨 주시네

3. 광명한 해와 명랑한 저 달빛
   수많은 별들 빛나나
   주 예수 빛은 더 찬란하여
   참 비교할 수 없도다

"그 때에 새벽 별들이 기뻐 노래하며 하나님의 아들들이 다 기뻐 소리를 질렀느니라"
욥 38:7

피난처 있으니

1. 피난처 있으니 환난을 당한 자 이리 오라
   땅들이 변하고 물결이 일어나 산 위에 넘치되 두렵잖네

2. 이방이 떠들고 나라를 모여서 진동하나
   우리 주 목소리 한 번만 발하면 천하에 모든 것 망하겠네

3. 만유 주 하나님 우리를 도우니 피난처요
   세상의 난리를 그치게 하시니 세상의 창검이 쓸데없네

4. 높으신 하나님 우리를 구하니 할렐루야
   괴롬이 심하고 환난이 극하나 피난처 되시는 주 하나님

"하나님은 우리의 피난처시요 힘이시니"
시 46:1

주 하나님 지으신 모든 세계

1. 주 하나님 지으신 모든 세계 내 마음속에 그리어 볼 때
   하늘의 별 울려 퍼지는 뇌성 주님의 권능 우주에 찼네
   주님의 높고 위대하심을 내 영혼이 찬양하네
   주님의 높고 위대하심을 내 영혼이 찬양하네

2. 숲속이나 험한 산골짝에서 지저귀는 저 새 소리들과
   고요하게 흐르는 시냇물은 주님의 솜씨 노래하도다
   주님의 높고 위대하심을 내 영혼이 찬양하네
   주님의 높고 위대하심을 내 영혼이 찬양하네

3. 주 하나님 독생자 아낌없이 우리를 위해 보내 주셨네
   십자가에 피 흘려 죽으신 주 내 모든 죄를 대속하셨네
   주님의 높고 위대하심을 내 영혼이 찬양하네
   주님의 높고 위대하심을 내 영혼이 찬양하네

4. 내 주 예수 세상에 다시 올 때 저 천국으로 날 인도하리
   나 겸손히 엎드려 경배하며 영원히 주를 찬양하리라
   주님의 높고 위대하심을 내 영혼이 찬양하네
   주님의 높고 위대하심을 내 영혼이 찬양하네

"여호와는 크신 하나님이시요"
시 95:3

구주를 생각만 해도

1. 구주를 생각만 해도 이렇게 좋거든
   주 얼굴 뵈올 때에야 얼마나 좋으랴

2. 만민의 구주 예수의 귀하신 이름은
   천지에 있는 이름 중 비할 데 없도다

3. 참 회개하는 자에게 소망이 되시고
   구하고 찾는 자에게 기쁨이 되신다

4. 예수의 넓은 사랑을 어찌 다 말하랴
   주 사랑받은 사람만 그 사랑 알도다

5. 사랑의 구주 예수여 내 기쁨 되시고
   이제로부터 영원히 영광이 되소서

"예수를 깊이 생각하라"
히 3:1

내 진정 사모하는

1. 내 진정 사모하는 친구가 되시는 구주 예수님은 아름다워라
   산 밑에 백합화요 빛나는 새벽 별 주님 형언할 길 아주 없도다
   내 맘이 아플 적에 큰 위로 되시며 나 외로울 때 좋은 친구라
   주는 저 산 밑에 백합 빛나는 새벽 별 이 땅 위에 비길 것이 없도다

2. 내 맘의 모든 염려 이 세상 고락도 주님 항상 같이하여 주시고
   시험을 당할 때에 악마의 계교를 즉시 물리치사 나를 지키네
   온 세상 날 버려도 주 예수 안 버려 끝까지 나를 돌아보시니
   주는 저 산 밑에 백합 빛나는 새벽 별 이 땅 위에 비길 것이 없도다

3. 내 맘을 다하여서 주님을 따르면 길이길이 나를 사랑하리니
   물불이 두렵잖고 창 검도 겁 없네 주는 높은 산성 내 방패시라
   내 영혼 먹이시는 그 은혜 누리고 나 친히 주를 뵙기 원하네
   주는 저 산 밑에 백합 빛나는 새벽 별 이 땅 위에 비길 것이 없도다

"뺨은 향기로운 꽃밭 같고 … 입술은 백합화 같고"
아 5:13

주 예수 내가 알기 전

1. 주 예수 내가 알기 전 날 먼저 사랑했네
   그 크신 사랑 나타나 내 영혼 거듭났네
   주 내 맘에 늘 계시고 나 주의 안에 있어
   저 포도 비유 같으니 참 좋은 나의 친구

2. 내 친구 되신 예수님 날 구원하시려고
   그 귀한 몸을 버리사 내 죄를 대속했네
   나 주님을 늘 믿으며 그 손을 의지하고
   내 몸과 맘을 바쳐서 끝까지 충성하리

3. 내 진실하신 친구여 큰 은혜 내려 주사
   날 항상 보호하시고 내 방패 되옵소서
   그 풍성한 참 사랑을 뉘 능히 끊을 쏘냐
   날 구원하신 예수는 참 좋은 나의 친구

"너희를 친구라 하였노니"
요 15:15

예수는 나의 힘이요

1. 예수는 나의 힘이요 내 생명 되시니
   구주 예수 떠나 살면 죄 중에 빠지리
   눈물이 앞을 가리고 내 맘에 근심 쌓일 때
   위로하고 힘 주실 이 주 예수

2. 예수는 나의 힘이요 내 친구 되시니
   그 은혜를 간구하면 풍성히 받으리
   햇빛과 비를 주시니 추수할 곡식 많도다
   귀한 열매 주시는 이 주 예수

3. 예수는 나의 힘이요 내 기쁨 되시니
   그 명령을 준행하여 늘 충성하겠네
   주야로 보호하시며 바른길 가게 하시니
   의지하고 따라갈 이 주 예수

4. 예수는 나의 힘이요 내 소망 되시니
   이 세상을 떠나갈 때 곧 영생 얻으리
   한없는 복을 주시고 영원한 기쁨 주시니
   나의 생명 나의 기쁨 주 예수

"우리는 그리스도 안에서 그의 은혜의 풍성함을 따라"
엡 1:7

주 예수보다 더 귀한 것은 없네

1. 주 예수보다 더 귀한 것은 없네 이 세상 부귀와 바꿀 수 없네
   영 죽은 내 대신 돌아가신 그 놀라운 사랑 잊지 못해
   세상 즐거움 다 버리고 세상 자랑 다 버렸네
   주 예수보다 더 귀한 것은 없네 예수 밖에는 없네

2. 주 예수보다 더 귀한 것은 없네 이 세상 명예와 바꿀 수 없네
   이 전에 즐기던 세상일도 주 사랑하는 맘 뺏지 못해
   세상 즐거움 다 버리고 세상 자랑 다 버렸네
   주 예수보다 더 귀한 것은 없네 예수 밖에는 없네

3. 주 예수보다 더 귀한 것은 없네 이 세상 행복과 바꿀 수 없네
   유혹과 핍박이 몰려와도 주 섬기는 내 맘 변치 않아
   세상 즐거움 다 버리고 세상 자랑 다 버렸네
   주 예수보다 더 귀한 것은 없네 예수 밖에는 없네

"내가 그를 위하여 모든 것을 잃어버리고 배설물로 여김은"

빌 3:8

나의 기쁨 나의 소망 되시며

1. 나의 기쁨 나의 소망 되시며 나의 생명이 되신 주
밤낮 불러서 찬송을 드려도 늘 아쉰 마음뿐일세

2. 나의 사모하는 선한 목자는 어느 꽃다운 동산에
양의 무리와 늘 함께 가셔서 기쁨을 함께 하실까

3. 길도 없이 거친 넓은 들에서 갈 길 못 찾아 애쓰며
이리저리로 헤매는 내 모양 저 원수 조롱하도다

4. 주의 자비롭고 화평한 얼굴 모든 천사도 반기며
주의 놀라운 진리의 말씀에 천지가 화답하도다

5. 나의 진정 사모하는 예수님 음성조차도 반갑고
나의 생명과 나의 참 소망은 오직 주 예수뿐일세

"내 사랑하는 자가 … 동산 가운데에서 양 떼를 먹이며 백합화를 꺾는구나"
아 6:2

나 어느 날 꿈속을 헤매며

1. 나 어느 날 꿈속을 헤매며 어느 바닷가 거닐 때
   그 갈릴리 오신 이 따르는 많은 무리를 보았네
   나 그때에 확실히 맹인이 눈을 뜨는 것 보았네
   그 갈릴리 오신 이 능력이 나를 놀라게 하였네
   내가 영원히 사모할 주님 참 사랑과 은혜 넘쳐
   나 뵈옵고 그 후로부터 내 구주로 섬겼네

2. 그 사랑의 눈빛과 음성을 나는 잊을 수 없겠네
   그 갈릴리 오신 이 그때에 이 죄인을 향하여
   못 자국 난 그 손과 옆구리 보이시면서 하신 말
   네 지은 죄 사했다 하실 때 나의 죄 짐이 풀렸네
   내가 영원히 사모할 주님 참 사랑과 은혜 넘쳐
   나 뵈옵고 그 후로부터 내 구주로 섬겼네

3, 4절 다음 장에 이어서→

"바람과 바다를 꾸짖으시니 아주 잔잔하게 되거늘"
마 8:26

3. 그 사나운 바다를 향하여 잔잔하라고 명했네
   그 파도가 주 말씀 따라서 아주 잔잔케 되었네
   그 잔잔한 바다의 평온함 나의 맘속에 남아서
   그 갈릴리 오신 이 의지할 참된 믿음이 되었네
   내가 영원히 사모할 주님 참 사랑과 은혜 넘쳐
   나 뵈옵고 그 후로부터 내 구주로 섬겼네

4. 이 세상의 무거운 짐 진 자 모두 주 앞에 나오라
   그 놀라운 은혜를 받아서 맘의 평안을 얻으라
   나 주께서 명하신 복음을 힘써 전하며 살 동안
   그 갈릴리 오신 이 내 맘에 항상 계시기 원하네
   내가 영원히 사모할 주님 참 사랑과 은혜 넘쳐
   나 뵈옵고 그 후로부터 내 구주로 섬겼네

웬 말인가 날 위하여

1. 웬 말인가 날 위하여 주 돌아가셨나
   이 벌레 같은 날 위해 큰 해 받으셨나

2. 내 지은 죄 다 지시고 못 박히셨으니
   웬일인가 웬 은혠가 그 사랑 크셔라

3. 주 십자가 못 박힐 때 그 해도 빛 잃고
   그 밝은 빛 가리워서 캄캄케 되었네

4. 나 십자가 대할 때에 그 일이 고마워
   내 얼굴 감히 못 들고 눈물 흘리도다

5. 늘 울어도 눈물로써 못 갚을 줄 알아
   몸 밖에 드릴 것 없어 이 몸 바칩니다

"내 영혼을 아버지 손에 부탁하나이다 … 하신 후 숨지시니라"
눅 23:46

예수 나를 위하여

1. 예수 나를 위하여 십자가를 질 때
   세상 죄를 지시고 고초당하셨네
   예수님 예수님 나의 죄 위하여
   보배 피를 흘리니 죄인 받으소서

2. 십자가를 지심은 무슨 죄가 있나
   저 무지한 사람들 메시야 죽였네
   예수님 예수님 나의 죄 위하여
   보배 피를 흘리니 죄인 받으소서

3. 피와 같이 붉은 죄 없는 이가 없네
   십자가의 공로로 눈과 같이 되네
   예수님 예수님 나의 죄 위하여
   보배 피를 흘리니 죄인 받으소서

4. 아름답다 예수여 나의 좋은 친구
   예수 공로 아니면 영원 형벌받네
   예수님 예수님 나의 죄 위하여
   보배 피를 흘리니 죄인 받으소서

"십자가로 이 둘을 한 몸으로 하나님과 화목하게 하려 하심이라"
엡 2:16

주 달려 죽은 십자가

1. 주 달려 죽은 십자가 우리가 생각할 때에
   세상에 속한 욕심을 헛된 줄 알고 버리네

2. 죽으신 구주 밖에는 자랑을 말게 하소서
   보혈의 공로 힘입어 교만한 맘을 버리네

3. 못 박힌 손발 보오니 큰 자비 나타내셨네
   가시로 만든 면류관 우리를 위해 쓰셨네

4. 온 세상 만물 가져도 주 은혜 못다 갚겠네
   놀라운 사랑받은 나 몸으로 제물 삼겠네

"우리 주 예수 그리스도의 십자가 외에 결코 자랑할 것이 없으니"
갈 6:14

갈보리산 위에

1. 갈보리산 위에 십자가 섰으니 주가 고난을 당한 표라
   험한 십자가를 내가 사랑함은 주가 보혈을 흘림이라
   최후 승리를 얻기까지 주의 십자가 사랑하리
   빛난 면류관 받기까지 험한 십자가 붙들겠네

2. 멸시 천대받은 주의 십자가에 나의 마음이 끌리도다
   귀한 어린양이 세상 죄를 지고 험한 십자가 지셨도다
   최후 승리를 얻기까지 주의 십자가 사랑하리
   빛난 면류관 받기까지 험한 십자가 붙들겠네

3. 험한 십자가에 주가 흘린 피를 믿는 맘으로 바라보니
   나를 용서하고 내 죄 사하시려 주가 흘리신 보혈이라
   최후 승리를 얻기까지 주의 십자가 사랑하리
   빛난 면류관 받기까지 험한 십자가 붙들겠네

4. 주님 예비하신 나의 본향 집에 나를 부르실 그 날에는
   영광 중에 계신 우리 주와 함께 내가 죽도록 충성하리
   최후 승리를 얻기까지 주의 십자가 사랑하리
   빛난 면류관 받기까지 험한 십자가 붙들겠네

"그들이 거기서 예수를 십자가에 못 박을새"
요 19:18

빈 들의 마른 풀

1. 빈 들에 마른 풀 같이 시들은 나의 영혼
   주님이 약속한 성령 간절히 기다리네
   가물어 메마른 땅에 단비를 내리시듯
   성령의 단비를 부어 새 생명 주옵소서

2. 반가운 빗소리 들려 산천이 춤을 추네
   봄비로 내리는 성령 내게도 주옵소서
   가물어 메마른 땅에 단비를 내리시듯
   성령의 단비를 부어 새 생명 주옵소서

3. 철따라 우로를 내려 초목이 무성하니
   갈급한 내 심령 위에 성령을 부으소서
   가물어 메마른 땅에 단비를 내리시듯
   성령의 단비를 부어 새 생명 주옵소서

4. 참되신 사랑의 언약 어길 수 있사오랴
   오늘에 흡족한 은혜 주실 줄 믿습니다
   가물어 메마른 땅에 단비를 내리시듯
   성령의 단비를 부어 새 생명 주옵소서

"때를 따라 소나기를 내리되 복된 소나기를 내리리라"
겔 34:26

내가 매일 기쁘게

1. 내가 매일 기쁘게 순례의 길 행함은 주의 팔이 나를 안보함이요
   내가 주의 큰 복을 받는 참된 비결은 주의 영이 함께 함이라
   성령이 계시네 할렐루야 함께 하시네
   좁은 길을 걸으며 밤낮 기뻐하는 것 주의 영이 함께 함이라

2. 전에 죄에 빠져서 평안함이 없을 때 예수 십자가의 공로 힘입어
   그 발아래 엎드려 참된 평화 얻음은 주의 영이 함께 함이라
   성령이 계시네 할렐루야 함께 하시네
   좁은 길을 걸으며 밤낮 기뻐하는 것 주의 영이 함께 함이라

3. 나와 동행하시고 모든 염려 아시니 나는 숲의 새와 같이 기쁘다
   내가 기쁜 맘으로 주의 뜻을 행함은 주의 영이 함께 함이라
   성령이 계시네 할렐루야 함께 하시네
   좁은 길을 걸으며 밤낮 기뻐하는 것 주의 영이 함께 함이라

4. 세상 모든 욕망과 나의 모든 정욕은 십자가에 이미 못을 박았네
   어둔 밤이 지나고 무거운 짐 벗으니 주의 영이 함께 함이라
   성령이 계시네 할렐루야 함께 하시네
   좁은 길을 걸으며 밤낮 기뻐하는 것 주의 영이 함께 함이라

"다른 보혜사를 너희에게 주사 영원토록 너희와 함께 있게 하리니"
요 14:16

나 주의 도움 받고자

1. 나 주의 도움 받고자 주 예수님께 빕니다
   그 구원 허락하시사 날 받아주소서
   내 모습 이대로 주 받아주소서
   날 위해 돌아가신 주 날 받아주소서

2. 큰 죄에 빠져 영 죽을 날 위해 피 흘렸으니
   주 형상대로 빚으사 날 받아주소서
   내 모습 이대로 주 받아주소서
   날 위해 돌아가신 주 날 받아주소서

3. 내 힘과 결심 약하여 늘 깨어지기 쉬우니
   주 이름으로 구원해 날 받아주소서
   내 모습 이대로 주 받아주소서
   날 위해 돌아가신 주 날 받아주소서

4. 내 주님 서신 발 앞에 나 꿇어 엎드렸으니
   그 크신 역사 이루게 날 받아주소서
   내 모습 이대로 주 받아주소서
   날 위해 돌아가신 주 날 받아주소서

"모든 것을 버려 두고 예수를 따르니라"
눅 5:11

성자의 귀한 몸

1. 성자의 귀한 몸 날 위하여
   버리신 그 사랑 고마워라
   내 머리 숙여서 주님께 비는 말
   나 무엇 주님께 바치리까

2. 지금도 날 위해 간구하심
   이 옅은 믿음이 아옵나니
   주님의 참 사랑 고맙고 놀라워
   찬송과 기도를 쉬지 않네

3. 주님의 십자가 나도 지고
   신실한 믿음과 마음으로
   형제의 사랑과 친절한 위로를
   뉘게나 베풀게 하옵소서

4. 만 가지 은혜를 받았으니
   내 평생 슬프나 즐거우나
   이 몸을 온전히 주님께 바쳐서
   주님만 위하여 늘 살겠네

"그가 우리를 위하여 목숨을 버리셨으니"
요일 3:16

내 주의 보혈은

1. 내 주의 보혈은 정하고 정하다 내 죄를 정케 하신 주 날 오라 하신다
   내가 주께로 지금 가오니 십자가의 보혈로 날 씻어주소서

2. 약하고 추해도 주께로 나가면 힘주시고 내 추함을 곧 씻어 주시네
   내가 주께로 지금 가오니 십자가의 보혈로 날 씻어주소서

3. 날 오라 하심은 온전한 믿음과 또 사랑함과 평안함 다 주려 함이라
   내가 주께로 지금 가오니 십자가의 보혈로 날 씻어주소서

4. 큰 죄인 복 받아 살길을 얻었네 한없이 넓고 큰 은혜 베풀어 주소서
   내가 주께로 지금 가오니 십자가의 보혈로 날 씻어주소서

5. 그 피가 맘속에 큰 증거 됩니다 내 기도 소리 들으사 다 허락하소서
   내가 주께로 지금 가오니 십자가의 보혈로 날 씻어주소서

"예수의 피가 우리를 모든 죄에서 깨끗하게 하실 것이요"
요일 1:7

샘물과 같은 보혈은

1. 샘물과 같은 보혈은 주님의 피로다
   보혈에 죄를 씻으면 정하게 되겠네
   정하게 되겠네 정하게 되겠네
   보혈에 죄를 씻으면 정하게 되겠네

2. 저 도적 회개하고서 보혈에 씻었네
   저 도적 같은 이 몸도 죄 씻기 원하네
   죄 씻기 원하네 죄 씻기 원하네
   저 도적 같은 이 몸도 죄 씻기 원하네

3. 죄 속함 받은 백성은 영생을 얻겠네
   샘솟듯 하는 피 권세 한없이 크도다
   한없이 크도다 한없이 크도다
   샘솟듯 하는 피 권세 한없이 크도다

4, 5절 다음 장에 이어서→

"그 날에 죄와 더러움을 씻는 샘이"
슥 13:1

4. 날 정케 하신 피 보니 그 사랑 한없네
   살 동안 받는 사랑을 늘 찬송하겠네
   늘 찬송하겠네 늘 찬송하겠네
   살 동안 받는 사랑을 늘 찬송하겠네

5. 이후에 천국 올라가 더 좋은 노래로
   날 구속하신 은혜를 늘 찬송하겠네
   늘 찬송하겠네 늘 찬송하겠네
   날 구속하신 은혜를 늘 찬송하겠네

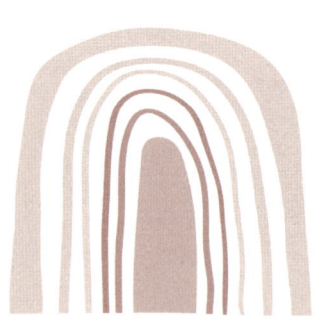

죄에서 자유를 얻게 함은

1. 죄에서 자유를 얻게 함은 보혈의 능력 주의 보혈
   시험을 이기고 승리하니 참 놀라운 능력이로다
   주의 보혈 능력 있도다 주의 피 믿으오
   주의 보혈 그 어린양의 매우 귀중한 피로다

2. 육체의 정욕을 이길 힘은 보혈의 능력 주의 보혈
   정결한 마음을 얻게 하니 참 놀라운 능력이로다
   주의 보혈 능력 있도다 주의 피 믿으오
   주의 보혈 그 어린양의 매우 귀중한 피로다

3. 눈보다 더 희게 맑히는 것 보혈의 능력 주의 보혈
   부정한 모든 것 맑히시니 참 놀라운 능력이로다
   주의 보혈 능력 있도다 주의 피 믿으오
   주의 보혈 그 어린양의 매우 귀중한 피로다

4. 구주의 복음을 전할 제목 보혈의 능력 주의 보혈
   날마다 나에게 찬송 주니 참 놀라운 능력이로다
   주의 보혈 능력 있도다 주의 피 믿으오
   주의 보혈 그 어린양의 매우 귀중한 피로다

"우리 죄를 대속하기 위하여 자기 몸을 주셨으니"
갈 1:4

고통의 멍에 벗으려고

1. 고통의 멍에 벗으려고 예수께로 나갑니다
   자유와 기쁨 베푸시는 주께로 갑니다
   병든 내 몸이 튼튼하고 빈궁한 삶이 부해지며
   죄악을 벗어 버리려고 주께로 갑니다

2. 낭패와 실망 당한 뒤에 예수께로 나갑니다
   십자가 은혜받으려고 주께로 갑니다
   슬프던 마음 위로받고 이생의 풍파 잔잔하며
   영광의 찬송 부르려고 주께로 갑니다

3. 교만한 맘을 내버리고 예수께로 나갑니다
   복되신 말씀 따르려고 주께로 갑니다
   실망한 이 몸 힘을 얻고 예수의 크신 사랑받아
   하늘의 기쁨 맛보려고 주께로 갑니다

4. 죽음의 길을 벗어나서 예수께로 나갑니다
   영원한 집을 바라보고 주께로 갑니다
   멸망의 포구 헤어나와 평화의 나라 다 다라서
   영광의 주를 뵈오려고 주께로 갑니다

"나를 보내사 마음이 상한 자를 고치며 포로된 자에게 자유를"
사 61:1

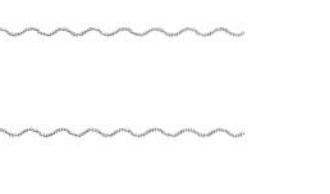

인애하신 구세주여

1. 인애하신 구세주여 내가 비오니
   죄인 오라 하실 때에 날 부르소서
   주여 주여 내가 비오니
   죄인 오라 하실 때에 날 부르소서

2. 자비하신 보좌 앞에 꿇어 엎드려
   자복하고 회개하니 믿음 주소서
   주여 주여 내가 비오니
   죄인 오라 하실 때에 날 부르소서

3. 주의 공로 의지하여 주께 가오니
   상한 맘을 고치시고 구원하소서
   주여 주여 내가 비오니
   죄인 오라 하실 때에 날 부르소서

4. 만복 근원 우리 주여 위로하소서
   우리 주와 같으신 이 어디 있을까
   주여 주여 내가 비오니
   죄인 오라 하실 때에 날 부르소서

"내가 부르짖는 소리를 들으소서 내가 주께 기도하나이다"
시 5:2

예수를 나의 구주 삼고

1. 예수를 나의 구주 삼고 성령과 피로써 거듭나니
   이 세상에서 내 영혼이 하늘의 영광 누리도다
   이것이 나의 간증이요 이것이 나의 찬송일세
   나 사는 동안 끊임없이 구주를 찬송하리로다

2. 온전히 주께 맡긴 내 영 사랑의 음성을 듣는 중에
   천사들 왕래하는 것과 하늘의 영광 보리로다
   이것이 나의 간증이요 이것이 나의 찬송일세
   나 사는 동안 끊임없이 구주를 찬송하리로다

3. 주 안에 기쁨 누림으로 마음의 풍랑이 잔잔하니
   세상과 나는 간곳없고 구속한 주만 보이도다
   이것이 나의 간증이요 이것이 나의 찬송일세
   나 사는 동안 끊임없이 구주를 찬송하리로다

"하나님의 아들을 믿는 믿음 안에서 사는 것이라"
갈 2:20

주 없이 살 수 없네

1. 주 없이 살 수 없네 죄인의 구주여
 그 귀한 보배 피로 날 구속하소서
 구주의 사랑으로 흘리신 보혈이
 내 소망 나의 위로 내 영광됩니다

2. 주 없이 살 수 없네 나 혼자 못 서리
 힘없고 부족하며 지혜도 없도다
 내 주는 나의 생명 또 나의 힘이라
 주님을 의지하여 지혜를 얻으리

3. 주 없이 살 수 없네 내 주는 아신다
 내 영의 깊은 간구 마음의 소원을
 주 밖에 나의 마음 뉘 알아주리요
 내 마음 위로하사 평온케 하시네

4. 주 없이 살 수 없네 세월이 흐르고
 이 깊은 고독 속에 내 생명 끝나도
 사나운 풍랑일 때 날 지켜 주시니
 내 곁에 계신 주님 늘 힘이 됩니다

"이는 만민에게 생명과 호흡과 만물을 친히 주시는 이심이라"
행 17:25

내 맘이 낙심되며

1.   내 맘이 낙심되며 근심에 눌릴 때
       주께서 내게 오사 위로해 주시네
       가는 길 캄캄하고 괴로움 많으나
       주께서 함께 하며 내 짐을 지시네
    그 은혜가 내게 족하네 그 은혜가 족하네
    이 괴로운 세상 지날 때 그 은혜가 족하네

2.   희망이 사라지고 친구 날 버릴 때
       주 내게 속삭이며 새 희망 주시네
       싸움이 맹렬하여 두려워 떨 때에
       승리의 왕이 되신 주 음성 들리네
    그 은혜가 내게 족하네 그 은혜가 족하네
    이 괴로운 세상 지날 때 그 은혜가 족하네

3.   번민이 가득 차고 눈물이 흐를 때
       주 나의 곁에 오사 위로해 주시네
       환난이 닥쳐와서 어려움 당할 때
       주님의 능력 입어 원수를 이기네
    그 은혜가 내게 족하네 그 은혜가 족하네
    이 괴로운 세상 지날 때 그 은혜가 족하네

"주께서 내 곁에 서서 나에게 힘을 주심은"
딤후 4:17

지금까지 지내온 것

1. 지금까지 지내온 것 주의 크신 은혜라
   한이 없는 주의 사랑 어찌 이루 말하랴
   자나 깨나 주의 손이 항상 살펴 주시고
   모든 일을 주 안에서 형통하게 하시네

2. 몸도 맘도 연약하나 새 힘 받아 살았네
   물 붓듯이 부으시는 주의 은혜 족하다
   사랑 없는 거리에나 험한 산길 헤맬 때
   주의 손을 굳게 잡고 찬송하며 가리라

3. 주님 다시 뵈올 날이 날로날로 다가와
   무거운 짐 주께 맡겨 벗을 날도 멀잖네
   나를 위해 예비하신 고향 집에 돌아가
   아버지의 품 안에서 영원토록 살리라

"여호와께서 여기까지 우리를 도우셨다 하고"
삼상 7:12

내 주 하나님 넓고 큰 은혜는

1. 내 주 하나님 넓고 큰 은혜는 저 큰 바다보다 깊다
 너 곧 닻줄을 끌러 깊은 데로 저 한가운데 가보라
 언덕을 떠나서 창파에 배 띄어
 내 주 예수 은혜의 바다로 네 맘껏 저어가라

2. 왜 너 인생은 언제나 거기서 저 큰 바다 물결 보고
 그 밑 모르는 깊은 바다 속을 한번 헤아려 안보나
 언덕을 떠나서 창파에 배 띄어
 내 주 예수 은혜의 바다로 네 맘껏 저어가라

3. 많은 사람이 얕은 물가에서 저 큰 바다 가려다가
 찰싹거리는 작은 파도 보고 마음 약하여 못가네
 언덕을 떠나서 창파에 배 띄어
 내 주 예수 은혜의 바다로 네 맘껏 저어가라

4. 자 곧 가거라 이제 곧 가거라 저 큰 은혜 바다 향해
 자 곧 네 노를 저어 깊은 데로 가라 망망한 바다로
 언덕을 떠나서 창파에 배 띄어
 내 주 예수 은혜의 바다로 네 맘껏 저어가라

"깊은 데로 가서 그물을 내려 고기를 잡으라"
눅 5:4

날 위하여 십자가의

1. 날 위하여 십자가의 중한 고통받으사
대신 죽은 주 예수의 사랑하신 은혜여
보배로운 피를 흘려 영영 죽을죄에서
구속함을 받은 우리 어찌 찬양 안 할까

2. 예수 안에 있는 우리 한량없이 즐겁고
주 성령의 위로함이 마음속에 차도다
천국 음악 소리 같은 은혜로운 그 말씀
끊임없이 듣는 우리 어찌 찬양 안 할까

3. 이 세상의 모진 풍파 쉬지 않고 불어도
주님 안에 보호받는 우리 마음 편하다
늘 깨어서 기도하고 저 천국을 바라며
주님만을 기다리니 어찌 찬양 안 할까

"새 노래 곧 우리 하나님께 올릴 찬송을 내 입에 두셨으니"
시 40:3

그 크신 하나님의 사랑

1. 그 크신 하나님의 사랑 말로다 형용 못 하네
   저 높고 높은 별을 넘어 이 낮고 낮은 땅 위에
   죄 범한 영혼 구하려 그 아들 보내사
   화목 제물 삼으시고 죄 용서하셨네
   하나님 크신 사랑은 측량 다 못하네
   영원히 변치 않는 사랑 성도여 찬양하세

2. 괴로운 시절 지나가고 땅 위의 영화 쇠할 때
   주 믿지 않던 영혼들은 큰소리 외쳐 울어도
   주 믿는 성도들에게 큰 사랑 베푸사
   우리의 죄 사했으니 그 은혜 잊을까
   하나님 크신 사랑은 측량 다 못하네
   영원히 변치 않는 사랑 성도여 찬양하세

3. 하늘은 두루마리 삼고 바다를 먹물 삼아도
   한없는 하나님의 사랑 다 기록할 수 없겠네
   하나님의 크신 사랑 그 어찌 다 쓸까
   저 하늘 높이 쌓아도 채우지 못하리
   하나님 크신 사랑은 측량 다 못하네
   영원히 변치 않는 사랑 성도여 찬양하세

"하나님이 세상을 이처럼 사랑하사 독생자를 주셨으니"
요 3:16

나 같은 죄인 살리신

1. 나 같은 죄인 살리신 주 은혜 놀라워
   잃었던 생명 찾았고 광명을 얻었네

2. 큰 죄악에서 건지신 주 은혜 고마워
   나 처음 믿은 그 시간 귀하고 귀하다

3. 이제껏 내가 산 것도 주님의 은혜라
   또 나를 장차 본향에 인도해 주시리

4. 거기서 우리 영원히 주님의 은혜로
   해처럼 밝게 살면서 주 찬양 하리라

"너희는 은혜로 구원을 받은 것이라"
엡 2:5

아 하나님의 은혜로

1. 아 하나님의 은혜로 이 쓸데없는 자
   왜 구속하여 주는지 난 알 수 없도다
   내가 믿고 또 의지함은 내 모든 형편 아시는 주님
   늘 보호해 주실 것을 나는 확실히 아네

2. 왜 내게 굳센 믿음과 또 복음 주셔서
   내 맘이 항상 편한지 난 알 수 없도다
   내가 믿고 또 의지함은 내 모든 형편 아시는 주님
   늘 보호해 주실 것을 나는 확실히 아네

3. 왜 내게 성령 주셔서 내 마음 감동해
   주 예수 믿게 하는지 난 알 수 없도다
   내가 믿고 또 의지함은 내 모든 형편 아시는 주님
   늘 보호해 주실 것을 나는 확실히 아네

4. 주 언제 강림하실지 혹 밤에 혹 낮에
   또 주님 만날 그곳도 난 알 수 없도다
   내가 믿고 또 의지함은 내 모든 형편 아시는 주님
   늘 보호해 주실 것을 나는 확실히 아네

"그 날까지 그가 능히 지키실 줄을 확신함이라"
딤후 1:12

내 구주 예수를 더욱 사랑

1. 내 구주 예수를 더욱 사랑
   엎드려 비는 말 들으소서
   내 진정 소원이 내 구주 예수를
   더욱 사랑 더욱 사랑

2. 이전엔 세상 낙 기뻤어도
   지금 내 기쁨은 오직 예수
   다만 내 비는 말 내 구주 예수를
   더욱 사랑 더욱 사랑

3. 이 세상 떠날 때 찬양하고
   숨질 때 하는 말 이것일세
   다만 내 비는 말 내 구주 예수를
   더욱 사랑 더욱 사랑

"네 마음을 다하고 목숨을 다하고 뜻을 다하여 주 너의 하나님을 사랑하라"
마 22:37

내 주 되신 주를 참 사랑하고

1. 내 주 되신 주를 참 사랑하고
   곧 그에게 죄를 다 고합니다
   큰 은혜를 주신 내 예수시니
   이전보다 더욱 사랑합니다

2. 주 날 사랑하사 구하시려고
   저 십자가 고난 당하셨도다
   그 가시관 쓰신 내 주 뵈오니
   이전보다 더욱 사랑합니다

3. 내 평생에 힘쓸 그 큰 의무는
   주 예수의 덕을 늘 기림이라
   숨질 때에 까지 내 할 말씀은
   이전보다 더욱 사랑합니다

4. 그 영광의 나라 나 들어가서
   그 풍성한 은혜 늘 감사하리
   금면류관 쓰고 나 찬송할 말
   이전보다 더욱 사랑합니다

"네가 이 사람들보다 나를 더 사랑하느냐"
요 21:15

날 대속하신 예수께

1. 날 대속하신 예수께 내 생명 모두 드리니
   늘 진실하게 하소서 내 구주 예수여
   나 구주 위해 살리라 내 기쁨 한량없으리
   내 갈 길 인도하소서 내 구주 예수여

2. 날 구원하신 예수를 일평생 의지하오니
   날 영접하여 주소서 내 구주 예수여
   나 구주 위해 살리라 내 기쁨 한량없으리
   내 갈 길 인도하소서 내 구주 예수여

3. 주 십자가에 달리사 날 자유하게 했으니
   내 몸과 맘을 주 위해 다 쓰게 하소서
   나 구주 위해 살리라 내 기쁨 한량없으리
   내 갈 길 인도하소서 내 구주 예수여

"내게 사는 것이 그리스도니 죽는 것도 유익함이라"
빌 1:21

예수 나를 오라 하네

1. 예수 나를 오라 하네 예수 나를 오라 하네
   어디든지 주를 따라 주와 같이 같이 가려네
   주의 인도하심 따라 주의 인도하심 따라
   어디든지 주를 따라 주와 같이 같이 가려네

2. 겟세마네 동산까지 주와 함께 가려 하네
   피땀 흘린 동산까지 주와 함께 함께 가려네
   주의 인도하심 따라 주의 인도하심 따라
   어디든지 주를 따라 주와 같이 같이 가려네

3. 심판하실 자리까지 주와 함께 가려 하네
   심판하실 자리까지 주와 함께 함께 가려네
   주의 인도하심 따라 주의 인도하심 따라
   어디든지 주를 따라 주와 같이 같이 가려네

4. 주가 크신 은혜 내려 나를 항상 돌보시고
   크신 영광 보여 주며 나와 함께 함께 가시네
   주의 인도하심 따라 주의 인도하심 따라
   어디든지 주를 따라 주와 같이 같이 가려네

"나를 따라오려거든 … 자기 십자가를 지고 나를 따를 것이니라"
마 16:24

환난과 핍박 중에도

1. 환난과 핍박 중에도 성도는 신앙 지켰네
   이 신앙 생각할 때에 기쁨이 충만하도다
   성도의 신앙 따라서 죽도록 충성하겠네

2. 옥중에 매인 성도나 양심은 자유 얻었네
   우리도 고난받으면 죽어도 영광되도다
   성도의 신앙 따라서 죽도록 충성하겠네

3. 성도의 신앙 본받아 원수도 사랑하겠네
   인자한 언어 행실로 이 신앙 전파하리라
   성도의 신앙 따라서 죽도록 충성하겠네

"네가 죽도록 충성하라"
계 2:10

내 주를 가까이하게 함은

1. 내 주를 가까이하게 함은
   십자가 짐 같은 고생이나
   내 일생 소원은 늘 찬송 하면서
   주께 더 나가기 원합니다

2. 내 고생 하는 것 옛 야곱이
   돌베개 베고 잠 같습니다
   꿈에도 소원이 늘 찬송하면서
   주께 더 나가기 원합니다

3. 천성에 가는 길 험하여도
   생명 길 되나니 은혜로다
   천사 날 부르니 늘 찬송하면서
   주께 더 나가기 원합니다

4. 야곱이 잠 깨어 일어난 후
   돌단을 쌓은 것 본받아서
   숨질 때 되도록 늘 찬송하면서
   주께 더 나가기 원합니다

"꿈에 본즉 사닥다리가 땅 위에 서 있는데 그 꼭대기가 하늘에 닿았고"
창 28:12

주 믿는 사람 일어나

1. 주 믿는 사람 일어나 다 힘을 합하여
   이 세상 모든 마귀를 다 쳐서 멸하세
   저 앞에 오는 적군을 다 싸워 이겨라
   주 예수 믿는 힘으로 온 세상이기네
   믿음이 이기네 믿음이 이기네
   주 예수를 믿음이 온 세상 이기네

2. 온 인류 마귀 궤휼로 큰 죄에 빠지니
   진리로 띠를 띠고서 늘 기도드리세
   참 믿고 의지하면서 겁 없이 나갈 때
   주 예수 믿는 힘으로 온 세상이기네
   믿음이 이기네 믿음이 이기네
   주 예수를 믿음이 온 세상이기네

3. 끝까지 이긴 자에게 흰옷을 입히고
   또 영생 복을 주시니 참 기쁜 일일세
   이 어둔 세상 지나서 저 천성 가도록
   주 예수 믿는 힘으로 온 세상이기네
   믿음이 이기네 믿음이 이기네
   주 예수를 믿음이 온 세상이기네

"세상을 이기는 승리는 … 우리의 믿음이니라"
요일 5:4

내 기도하는 그 시간

1. 내 기도하는 그 시간 그때가 가장 즐겁다
   이 세상 근심 걱정에 얽매인 나를 부르사
   내 진정 소원 주 앞에 낱낱이 바로 아뢰어
   큰 불행 당해 슬플 때 나 위로받게 하시네

2. 내 기도하는 그 시간 내게는 가장 귀하다
   저 광야 같은 세상을 끝없이 방황하면서
   위태한 길로 나갈 때 주께서 나를 이끌어
   그 보좌 앞에 나아가 큰 은혜받게 하시네

3. 내 기도하는 그 시간 그때가 가장 즐겁다
   이때껏 지은 큰 죄로 내 마음 심히 아파도
   참 마음으로 뉘우쳐 다 숨김없이 아뢰면
   주 나를 위해 복 주사 새 은혜 부어 주시네

4. 내 기도하는 그 시간 그때가 가장 즐겁다
   주 세상에서 일찍이 저 요란한 곳 피하여
   빈 들에서나 산에서 온밤을 새워 지내사
   주 예수 친히 기도로 큰 본을 보여 주셨네

"마음을 같이하여 오로지 기도에 힘쓰더라"
행 1:14

어두운 내 눈 밝히사

1. 어두운 내 눈 밝히사 진리를 보게 하소서
   진리의 열쇠 내게 주사 참 빛을 찾게 하소서
   깊으신 뜻을 알고자 엎드려 기다리오니
   내 눈을 뜨게 하소서 성령이여

2. 막혀진 내 귀 여시사 주님의 귀한 음성을
   이 귀로 밝히 들을 때에 내 기쁨 한량없겠네
   깊으신 뜻을 알고자 엎드려 기다리오니
   내 귀를 열어 주소서 성령이여

3. 봉해진 내 입 여시사 복음을 널리 전하고
   차가운 내 맘 녹여 주사 사랑을 하게 하소서
   깊으신 뜻을 알고자 엎드려 기다리오니
   내 입을 열어 주소서 성령이여

"내 눈을 열어서 주의 율법에서 놀라운 것을 보게 하소서"
시 119:18

주 예수여 은혜를

1. 주 예수여 은혜를 내려 주사 곧 충만케 하옵소서
   이 주리고 목마른 나의 맘에 주 성령을 부으소서
   주 예수여 충만한 은혜 내 영혼에 부으소서
   주 예수만 나의 힘 되고 내 만족함 됩니다

2. 주 예수여 죄에서 풀어 주사 날 정결케 하옵소서
   이 세상의 유혹이 나의 맘에 틈 못 타게 하옵소서
   주 예수여 충만한 은혜 내 영혼에 부으소서
   주 예수만 나의 힘 되고 내 만족함 됩니다

3. 옛 야곱이 천사와 씨름하던 그 믿음을 주옵소서
   이 세상의 물결이 흉흉해도 날 평안케 하옵소서
   주 예수여 충만한 은혜 내 영혼에 부으소서
   주 예수만 나의 힘 되고 내 만족함 됩니다

4, 5절 다음 장에 이어서→

"내가 부르짖는 날에 속히 내게 응답하소서"
시 102:2

4. 주 예수여 완전한 주의 사랑 나 받기를 원합니다
   그 사랑이 내 맘에 충만하여 날 기쁘게 하옵소서
   주 예수여 충만한 은혜 내 영혼에 부으소서
   주 예수만 나의 힘 되고 내 만족함 됩니다

5. 내 마음에 임하신 주의 성령 늘 계실 줄 믿습니다
   큰 은사를 나에게 부어 주사 주 섬기게 하옵소서
   주 예수여 충만한 은혜 내 영혼에 부으소서
   주 예수만 나의 힘 되고 내 만족함 됩니다

죄 짐 맡은 우리 구주

1. 죄 짐 맡은 우리 구주 어찌 좋은 친군지
   걱정 근심 무거운 짐 우리 주께 맡기세
   주께 고함 없는 고로 복을 받지 못하네
   사람들이 어찌하여 아뢸 줄을 모를까

2. 시험 걱정 모든 괴롬 없는 사람 누군가
   부질없이 낙심 말고 기도드려 아뢰세
   이런 진실하신 친구 찾아볼 수 있을까
   우리 약함 아시오니 어찌 아니 아뢸까

3. 근심 걱정 무거운 짐 아니 진 자 누군가
   피난처는 우리 예수 주께 기도드리세
   세상 친구 멸시하고 너를 조롱하여도
   예수 품에 안기어서 참된 위로받겠네

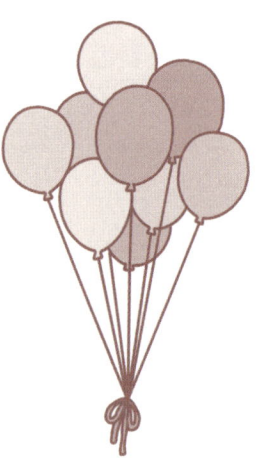

"아버지께 구하는 것을 내 이름으로 주시리라"
요 16:23

주 안에 있는 나에게

1. 주 안에 있는 나에게 딴 근심 있으랴
   십자가 밑에 나아가 내 짐을 풀었네
   주님을 찬송하면서 할렐루야 할렐루야
   내 앞길 멀고 험해도 나 주님만 따라가리

2. 그 두려움이 변하여 내 기도 되었고
   전날의 한숨 변하여 내 노래 되었네
   주님을 찬송하면서 할렐루야 할렐루야
   내 앞길 멀고 험해도 나 주님만 따라가리

3. 내 주는 자비 하셔서 늘 함께 계시고
   내 궁핍함을 아시고 늘 채워 주시네
   주님을 찬송하면서 할렐루야 할렐루야
   내 앞길 멀고 험해도 나 주님만 따라가리

4. 내 주와 맺은 언약은 영 불변하시니
   그 나라 가기까지는 늘 보호하시네
   주님을 찬송하면서 할렐루야 할렐루야
   내 앞길 멀고 험해도 나 주님만 따라가리

"주의 율례들이 나의 노래가 되었나이다"
시 119:54

나의 생명 되신 주

1. 나의 생명 되신 주 주님 앞에 나아갑니다
   주의 흘린 보혈로 정케 하사 받아 주소서
   날마다 날마다 주를 찬송하겠네
   주의 사랑 줄로써 나를 굳게 잡아매소서

2. 괴론 세상 지낼 때 나를 인도하여 주소서
   주를 믿고 나가면 나의 길을 잃지 않겠네
   날마다 날마다 주를 찬송하겠네
   주의 사랑 줄로써 나를 굳게 잡아매소서

3. 세상 살아갈 때에 주를 더욱 사랑합니다
   밝고 빛난 천국에 나의 영혼 들어가겠네
   날마다 날마다 주를 찬송하겠네
   주의 사랑 줄로써 나를 굳게 잡아매소서

"나를 눈동자 같이 지키시고 주의 날개 그늘 아래에 감추사"
시 17:8

너 근심 걱정 말아라

1. 너 근심 걱정 말아라 주 너를 지키리
   주 날개 밑에 거하라 주 너를 지키리
   주 너를 지키리 아무 때나 어디서나
   주 너를 지키리 늘 지켜 주시리

2. 어려워 낙심될 때에 주 너를 지키리
   위험한 일을 당할 때 주 너를 지키리
   주 너를 지키리 아무 때나 어디서나
   주 너를 지키리 늘 지켜 주시리

3. 너 쓸 것 미리 아시고 주 너를 지키리
   구하는 것을 주시며 주 너를 지키리
   주 너를 지키리 아무 때나 어디서나
   주 너를 지키리 늘 지켜 주시리

4. 어려운 시험 당해도 주 너를 지키리
   구주의 품에 거하라 주 너를 지키리
   주 너를 지키리 아무 때나 어디서나
   주 너를 지키리 늘 지켜 주시리

"그가 너를 그의 깃으로 덮으시리니 네가 그의 날개 아래에 피하리로다"
시 91:4

눈을 들어 산을 보니

1. 눈을 들어 산을 보니 도움 어디서 오나
   천지 지은 주 하나님 나를 도와주시네
   나의 발이 실족 않게 주가 깨어 지키며
   택한 백성 항상 지켜 길이 보호하시네

2. 도우시는 하나님이 네게 그늘 되시니
   낮의 해와 밤의 달이 너를 상치 않겠네
   네게 화를 주지 않고 혼을 보호하시며
   너의 출입 지금부터 영영 인도하시리

"내가 산을 향하여 눈을 들리라 나의 도움이 어디서 올까"
시 121:1

나의 갈 길 다 가도록

1. 나의 갈 길 다 가도록 예수 인도하시니
   내 주안에 있는 긍휼 어찌 의심하리요
   믿음으로 사는 자는 하늘 위로받겠네
   무슨 일을 만나든지 만사형통하리라
   무슨 일을 만나든지 만사형통하리라

2. 나의 갈 길 다 가도록 예수 인도하시니
   어려운 일 당한 때도 족한 은혜 주시네
   나는 심히 고단하고 영혼 매우 갈하나
   나의 앞에 반석에서 샘물 나게 하시네
   나의 앞에 반석에서 샘물 나게 하시네

3. 나의 갈 길 다 가도록 예수 인도하시니
   그의 사랑 어찌 큰지 말로 할 수 없도다
   성령 감화받은 영혼 하늘나라 갈 때에
   영영 부를 나의 찬송 예수 인도하셨네
   영영 부를 나의 찬송 예수 인도하셨네

"나는 선한 싸움을 싸우고 나의 달려갈 길을 마치고 믿음을 지켰으니"

딤후 4:7

오 놀라운 구세주

1. 오 놀라운 구세주 예수 내 주 참 능력의 주시로다
   큰 바위 밑 안전한 그곳으로 내 영혼을 숨기시네
   메마른 땅을 종일 걸어가도 나 피곤치 아니하며
   저 위험한 곳 내가 이를 때면 큰 바위에 숨기시고 주 손으로 덮으시네

2. 오 놀라운 구세주 예수 내 주 내 모든 짐 벗기시네
   죄악에서 날 끌어 올리시며 또 나에게 힘주시네
   메마른 땅을 종일 걸어가도 나 피곤치 아니하며
   저 위험한 곳 내가 이를 때면 큰 바위에 숨기시고 주 손으로 덮으시네

3. 측량 못 할 은혜로 채우시며 늘 성령의 감화 주사
   큰 기쁨 중 주님을 찬양토록 내 믿음을 도우시네
   메마른 땅을 종일 걸어가도 나 피곤치 아니하며
   저 위험한 곳 내가 이를 때면 큰 바위에 숨기시고 주 손으로 덮으시네

4. 주 예수님 공중에 임하실 때 나 일어나 맞이하리
   그 구원의 은총을 노래하리 저 천군과 천사 함께
   메마른 땅을 종일 걸어가도 나 피곤치 아니하며
   저 위험한 곳 내가 이를 때면 큰 바위에 숨기시고 주 손으로 덮으시네

"내가 너를 반석 틈에 두고 내가 지나도록 내 손으로 너를 덮었다가"
출 33:22

오 신실하신 주

1. 오 신실하신 주 내 아버지여 늘 함께 계시니 두렴 없네
   그 사랑 변찮고 날 지키시며 어제나 오늘이 한결같네
   오 신실하신 주 오 신실하신 주 날마다 자비를 베푸시며
   일용할 모든 것 내려주시니 오 신실하신 주 나의 구주

2. 봄철과 또 여름 가을과 겨울 해와 달 별들도 다 주의 것
   만물이 주 영광 드러내도다 신실한 주 사랑 나타내네
   오 신실하신 주 오 신실하신 주 날마다 자비를 베푸시며
   일용할 모든 것 내려주시니 오 신실하신 주 나의 구주

3. 내 죄를 사하여 안위하시고 주 친히 오셔서 인도하네
   오늘의 힘 되고 내일의 소망 주만이 만복을 내리시네
   오 신실하신 주 오 신실하신 주 날마다 자비를 베푸시며
   일용할 모든 것 내려주시니 오 신실하신 주 나의 구주

"이것들이 아침마다 새로우니 주의 성실하심이 크시도소이다"
애 3:23

주의 친절한 팔에 안기세

1. 주의 친절한 팔에 안기세 우리 맘이 평안하리니
   항상 기쁘고 복이 되겠네 영원하신 팔에 안기세
   주의 팔에 그 크신 팔에 안기세
   주의 팔에 영원하신 팔에 안기세

2. 날이 갈수록 주의 사랑이 두루 광명하게 비치고
   천성 가는 길 편히 가리니 영원하신 팔에 안기세
   주의 팔에 그 크신 팔에 안기세
   주의 팔에 영원하신 팔에 안기세

3. 주의 보좌로 나아 갈 때에 기뻐 찬미 소리 외치고
   겁과 두려움 없어지리니 영원하신 팔에 안기세
   주의 팔에 그 크신 팔에 안기세
   주의 팔에 영원하신 팔에 안기세

"그의 영원하신 팔이 네 아래에 있도다"
신 33:27

곤한 내 영혼 편히 쉴 곳과

1. 곤한 내 영혼 편히 쉴 곳과 풍랑 일어도 안전한 포구
   폭풍까지도 다스리시는 주의 영원한 팔 의지해
   주의 영원하신 팔 함께 하사 항상 나를 붙드시니
   어느 곳에 가든지 요동하지 않음은 주의 팔을 의지함이라

2. 세상 친구들 나를 버려도 예수 늘 함께 동행함으로
   주의 은혜가 충만하리니 주의 영원한 팔 의지해
   주의 영원하신 팔 함께 하사 항상 나를 붙드시니
   어느 곳에 가든지 요동하지 않음은 주의 팔을 의지함이라

3. 나의 믿음이 연약해져도 미리 예비한 힘을 주시며
   위태할 때도 안보하시는 주의 영원한 팔 의지해
   주의 영원하신 팔 함께 하사 항상 나를 붙드시니
   어느 곳에 가든지 요동하지 않음은 주의 팔을 의지함이라

4. 능치 못한 것 주께 없으니 나의 일생을 주께 맡기면
   나의 모든 짐 대신 지시는 주의 영원한 팔 의지해
   주의 영원하신 팔 함께 하사 항상 나를 붙드시니
   어느 곳에 가든지 요동하지 않음은 주의 팔을 의지함이라

"내가 두려워하는 날에는 내가 주를 의지하리이다"
시 56:3

구주와 함께 나 죽었으니

1. 구주와 함께 나 죽었으니 구주와 함께 나 살았도다
   영광의 그 날에 이르도록 언제나 주만 바라봅니다
   언제나 주는 날 사랑하사 언제나 새 생명 주시나니
   영광의 그 날에 이르도록 언제나 주만 바라봅니다

2. 맘속에 시험을 받을 때와 무거운 근심이 있을 때에
   주께서 그때도 같이하사 언제나 나를 도와주시네
   언제나 주는 날 사랑하사 언제나 새 생명 주시나니
   영광의 그 날에 이르도록 언제나 주만 바라봅니다

3. 뼈아픈 눈물을 흘릴 때와 쓰라린 맘으로 탄식할 때
   주께서 그때도 같이하사 언제나 나를 생각하시네
   언제나 주는 날 사랑하사 언제나 새 생명 주시나니
   영광의 그 날에 이르도록 언제나 주만 바라봅니다

4. 내 몸의 약함을 아시는 주 못 고칠 질병이 아주없네
   괴로운 날이나 기쁜 때나 언제나 나와 함께 계시네
   언제나 주는 날 사랑하사 언제나 새 생명 주시나니
   영광의 그 날에 이르도록 언제나 주만 바라봅니다

"그리스도와 함께 십자가에 못 박혔나니 … 내 안에 그리스도께서 사시는 것이라"

갈 2:20

내 맘에 한 노래 있어

1. 내 맘에 한 노래 있어 나 즐겁게 늘 부르네
   이 노래를 부를 때에 큰 평화 임하도다
   평화 평화 하나님 주신 선물
   그 놀라운 주의 평화 하나님 선물일세

2. 주 십자가 지심으로 날 구원해 주셨으며
   주 예수님 고난받아 나 평화 누리도다
   평화 평화 하나님 주신 선물
   그 놀라운 주의 평화 하나님 선물일세

3. 나 주님께 영광 돌려 참 평화가 넘치도다
   주 하나님 은혜로써 이 평화 누리도다
   평화 평화 하나님 주신 선물
   그 놀라운 주의 평화 하나님 선물일세

4. 이 평화를 얻으려고 주 앞으로 나아갈 때
   주 예수님 우리에게 이 평화 주시도다
   평화 평화 하나님 주신 선물
   그 놀라운 주의 평화 하나님 선물일세

"평강의 주께서 친히 … 너희에게 평강을 주시고"
살후 3:16

내 영혼의 그윽히 깊은 데서

1. 내 영혼의 그윽히 깊은 데서 맑은 가락이 올려 나네
   하늘 곡조가 언제나 흘러나와 내 영혼을 고이 싸네
   평화 평화로다 하늘 위에서 내려오네
   그 사랑의 물결이 영원토록 내 영혼을 덮으소서

2. 내 맘속에 솟아난 이 평화는 깊이 묻히인 보배로다
   나의 보화를 캐내어 가져갈 자 그 아무도 없으리라
   평화 평화로다 하늘 위에서 내려오네
   그 사랑의 물결이 영원토록 내 영혼을 덮으소서

3. 내 영혼에 평화가 넘쳐남은 주의 큰 복을 받음이라
   내가 주야로 주님과 함께 있어 내 영혼이 편히 쉬네
   평화 평화로다 하늘 위에서 내려오네
   그 사랑의 물결이 영원토록 내 영혼을 덮으소서

4. 이 땅 위의 험한 길 가는 동안 참된 평화가 어디 있나
   우리 모두 다 예수를 친구 삼아 참 평화를 누리겠네
   평화 평화로다 하늘 위에서 내려오네
   그 사랑의 물결이 영원토록 내 영혼을 덮으소서

"하나님의 평강이 … 너희 마음과 생각을 지키시리라"
빌 4:7

내 평생에 가는 길

1. 내 평생에 가는 길 순탄하여 늘 잔잔한 강 같든지
   큰 풍파로 무섭고 어렵든지 나의 영혼은 늘 편하다
   내 영혼 평안해 내 영혼 내 영혼 평안해

2. 저 마귀는 우리를 삼키려고 입 벌리고 달려와도
   주 예수는 우리의 대장 되니 끝내 싸워서 이기리라
   내 영혼 평안해 내 영혼 내 영혼 평안해

3. 내 지은 죄 주홍빛 같더라도 주 예수께 다 아뢰면
   그 십자가 피로써 다 씻으사 흰 눈보다 더 정하리라
   내 영혼 평안해 내 영혼 내 영혼 평안해

4. 저 공중에 구름이 일어나며 큰 나팔이 울릴 때에
   주 오셔서 세상을 심판해도 나의 영혼은 겁 없으리
   내 영혼 평안해 내 영혼 내 영혼 평안해

"내 평생에 선하심과 인자하심이 반드시 나를 따르리니"
시 23:6

주 날개 밑 내가 편안히 쉬네

1. 주 날개 밑 내가 편안히 쉬네 밤 깊고 비바람 불어쳐도
 아버지께서 날 지켜 주시니 거기서 편안히 쉬리로다
 주 날개 밑 평안하다 그 사랑 끊을 자 뉘뇨
 주 날개 밑 내 쉬는 영혼 영원히 거기서 살리

2. 주 날개 밑 나의 피난처 되니 거기서 쉬기를 원하노라
 세상이 나를 위로치 못하나 거기서 평화를 누리리라
 주 날개 밑 평안하다 그 사랑 끊을 자 뉘뇨
 주 날개 밑 내 쉬는 영혼 영원히 거기서 살리

3. 주 날개 밑 참된 기쁨이 있네 고달픈 세상 길 가는 동안
 나 거기 숨어 돌보심을 받고 영원한 안식을 얻으리라
 주 날개 밑 평안하다 그 사랑 끊을 자 뉘뇨
 주 날개 밑 내 쉬는 영혼 영원히 거기서 살리

"나를 눈동자 같이 지키시고 주의 날개 그늘 아래에 감추사"
시 17:8

주님의 뜻을 이루소서

1. 주님의 뜻을 이루소서 고요한 중에 기다리니
   진흙과 같은 날 빚으사 주님의 형상 만드소서

2. 주님의 뜻을 이루소서 주님 발 앞에 엎드리니
   나의 맘속을 살피시사 눈보다 희게 하옵소서

3. 주님의 뜻을 이루소서 병들어 몸이 피곤할 때
   권능의 손을 내게 펴사 강건케 하여 주옵소서

4. 주님의 뜻을 이루소서 온전히 나를 주장하사
   주님과 함께 동행함을 만민이 알게 하옵소서

"아버지의 원대로 되기를 원하나이다"
눅 22:42

주와 같이 길 가는 것

1. 주와 같이 길 가는 것 즐거운 일 아닌가
   우리 주님 걸어가신 발자취를 밟겠네
   한 걸음 한 걸음 주 예수와 함께
   날마다 날마다 우리 걸어가리

2. 어린아이 같은 우리 미련하고 약하나
   주의 손에 이끌리어 생명 길로 가겠네
   한 걸음 한 걸음 주 예수와 함께
   날마다 날마다 우리 걸어가리

3. 꽃이 피는 들판이나 험한 골짜기라도
   주가 인도하는 대로 주와 같이 가겠네
   한 걸음 한 걸음 주 예수와 함께
   날마다 날마다 우리 걸어가리

4. 옛 선지자 에녹같이 우리들도 천국에
   들려 올라갈 때까지 주와 같이 걷겠네
   한 걸음 한 걸음 주 예수와 함께
   날마다 날마다 우리 걸어가리

"에녹이 하나님과 동행하더니"
창 5:24

귀하신 주여 날 붙드사

1. 귀하신 주여 날 붙드사 주께로 날마다 더 가까이
저 하늘나라 나 올라가 구주의 품 안에 늘 안기어
영생의 복 받기 원합니다

2. 봉헌할 물건 나 없어도 날마다 주께로 더 가까이
내 죄를 주께 다 고하니 주님의 보혈로 날 씻으사
눈보다 더 희게 하옵소서

3. 간악한 마귀 날 꾀어도 주 예수 앞으로 더 가까이
이 세상 속한 그 허영심 또 추한 생각을 다 버리니
정결한 맘 내게 늘 주소서

4. 이 세상 내가 살 동안에 주께로 날마다 더 가까이
저 뵈는 천국 나 들어가 한없는 복락을 다 얻도록
풍성한 은혜를 주옵소서

"하나님을 가까이하라 그리하면 너희를 가까이하시리라"
약 4:8

내 영혼이 은총 입어

1. 내 영혼이 은총 입어 중한 죄 짐 벗고 보니
   슬픔 많은 이 세상도 천국으로 화하도다
   할렐루야 찬양하세 내 모든 죄 사함받고
   주 예수와 동행하니 그 어디나 하늘나라

2. 주의 얼굴 뵙기 전에 멀리 뵈던 하늘나라
   내 맘속에 이뤄지니 날로날로 가깝도다
   할렐루야 찬양하세 내 모든 죄 사함받고
   주 예수와 동행하니 그 어디나 하늘나라

3. 높은 산이 거친 들이 초막이나 궁궐이나
   내 주 예수 모신 곳이 그 어디나 하늘나라
   할렐루야 찬양하세 내 모든 죄 사함받고
   주 예수와 동행하니 그 어디나 하늘나라

"하나님의 나라는 너희 안에 있느니라"
눅 17:21

저 장미꽃 위에 이슬

1. 저 장미꽃 위에 이슬 아직 맺혀 있는 그때에
   귀에 은은히 소리 들리니 주 음성 분명하다
   주님 나와 동행을 하면서 나를 친구 삼으셨네
   우리 서로 받은 그 기쁨은 알 사람이 없도다

2. 그 청아한 주의 음성 우는 새도 잠잠케 한다
   내게 들리던 주의 음성이 늘 귀에 쟁쟁하다
   주님 나와 동행을 하면서 나를 친구 삼으셨네
   우리 서로 받은 그 기쁨은 알 사람이 없도다

3. 밤 깊도록 동산 안에 주와 함께 있으려 하나
   괴론 세상에 할 일 많아서 날 가라 명하신다
   주님 나와 동행을 하면서 나를 친구 삼으셨네
   우리 서로 받은 그 기쁨은 알 사람이 없도다

"막달라 마리아가 가서 제자들에게 내가 주를 보았다 하고"
요 20:18

태산을 넘어 험곡에 가도

1. 태산을 넘어 험곡에 가도 빛 가운데로 걸어가면
   주께서 항상 지키시기로 약속한 말씀 변치 않네
   하늘의 영광 하늘의 영광 나의 맘속에 차고도 넘쳐
   할렐루야를 힘차게 불러 영원히 주를 찬양하리

2. 캄캄한 밤에 다닐지라도 주께서 나의 길 되시고
   나에게 밝은 빛이 되시니 길 잃어버릴 염려 없네
   하늘의 영광 하늘의 영광 나의 맘속에 차고도 넘쳐
   할렐루야를 힘차게 불러 영원히 주를 찬양하리

3. 광명한 그 빛 마음에 받아 찬란한 천국 바라보고
   할렐루야를 힘차게 불러 날마다 빛에 걸어가리
   하늘의 영광 하늘의 영광 나의 맘속에 차고도 넘쳐
   할렐루야를 힘차게 불러 영원히 주를 찬양하리

"그가 빛 가운데 계신 것 같이 우리도 빛 가운데 행하면"
요일 1:7

주 음성 외에는

1. 주 음성 외에는 참 기쁨 없도다
   날 사랑하신 주 늘 계시옵소서
   기쁘고 기쁘도다 항상 기쁘도다
   나 주께 왔사오니 복 주옵소서

2. 나 주께 왔으니 복 주시옵소서
   주 함께 계시면 큰 시험 이기네
   기쁘고 기쁘도다 항상 기쁘도다
   나 주께 왔사오니 복 주옵소서

3. 주 떠나가시면 내 생명 헛되네
   기쁘나 슬플 때 늘 계시옵소서
   기쁘고 기쁘도다 항상 기쁘도다
   나 주께 왔사오니 복 주옵소서

4. 그 귀한 언약을 이루어 주시고
   주 명령 따를 때 늘 계시옵소서
   기쁘고 기쁘도다 항상 기쁘도다
   나 주께 왔사오니 복 주옵소서

"나를 떠나서는 너희가 아무 것도 할 수 없음이라"
요 15:5

예수 따라가며

1. 예수 따라가며 복음 순종하면 우리 행할 길 환하겠네
   주를 의지하며 순종하는 자를 주가 늘 함께 하시리라
   의지하고 순종하는 길은 예수 안에 즐겁고 복된 길이로다

2. 해를 당하거나 우리 고생할 때 주가 위로해 주시겠네
   주를 의지하며 순종하는 자를 주가 안위해 주시리라
   의지하고 순종하는 길은 예수 안에 즐겁고 복된 길이로다

3. 남의 짐을 지고 슬픔 위로하면 주가 상급을 주시겠네
   주를 의지하며 순종하는 자를 항상 복 내려 주시리라
   의지하고 순종하는 길은 예수 안에 즐겁고 복된 길이로다

4. 우리 받은 것을 주께 다 드리면 우리 기쁨이 넘치겠네
   주를 의지하며 순종하는 자를 은혜 풍성케 하시리라
   의지하고 순종하는 길은 예수 안에 즐겁고 복된 길이로다

5. 주를 힘입어서 말씀 잘 배우고 주를 모시고 살아가세
   주를 의지하며 항상 순종하면 주가 사랑해 주시리라
   의지하고 순종하는 길은 예수 안에 즐겁고 복된 길이로다

"선을 행하는 각 사람에게는 영광과 존귀와 평강이 있으리니"
롬 2:10

내 모든 소원 기도의 제목

1. 내 모든 소원 기도의 제목 예수님 닮기 원함이라
   예수님 형상 나 입기 위해 세상의 보화 아끼잖네
   예수님 닮기 내가 원하네 날 구원하신 예수님을
   내 마음속에 지금 곧 오사 주님의 형상 인치소서

2. 무한한 사랑 풍성한 긍휼 슬픈 자 위로하시는 주
   길잃은 죄인 부르는 예수 그 형상 닮게 하옵소서
   예수님 닮기 내가 원하네 날 구원하신 예수님을
   내 마음속에 지금 곧 오사 주님의 형상 인치소서

3. 겸손한 예수 거룩한 주님 원수의 멸시 참으시사
   우리를 위해 고난을 받은 구주를 닮게 하옵소서
   예수님 닮기 내가 원하네 날 구원하신 예수님을
   내 마음속에 지금 곧 오사 주님의 형상 인치소서

"하나님이 미리 아신 자들을 또한 그 아들의 형상을 본받게 하기 위하여"
롬 8:29

예수 더 알기 원하네

1. 예수 더 알기 원하네 크고도 넓은 은혜와
   대속해 주신 사랑을 간절히 알기 원하네
   내 평생의 소원 내 평생의 소원
   대속해 주신 사랑을 간절히 알기 원하네

2. 성령이 스승 되셔서 진리를 가르치시고
   거룩한 뜻을 깨달아 예수를 알게 하소서
   내 평생의 소원 내 평생의 소원
   대속해 주신 사랑을 간절히 알기 원하네

3. 성령의 감화받아서 하나님 말씀 배우니
   그 말씀 한 절 한 절이 내 맘에 교훈 되도다
   내 평생의 소원 내 평생의 소원
   대속해 주신 사랑을 간절히 알기 원하네

4. 예수가 계시는 보좌는 영광에 둘려 있도다
   평화의 왕이 오시니 그 나라 왕성하도다
   내 평생의 소원 내 평생의 소원
   대속해 주신 사랑을 간절히 알기 원하네

"그를 아는 지식에서 자라 가라 영광이 … 그에게 있을지어다"
벧후 3:18

주님의 마음을 본받는 자

1. 주님의 마음을 본받는 자 그 맘에 평강이 찾아오심은
   험악한 세상을 이길 힘이 하늘로부터 임함이로다
   주님의 마음 본받아 살면서 그 거룩하심 나도 이루리

2. 주 모습 내 눈에 안 보이며 그 음성 내 귀에 안 들려도
   내 영혼 날마다 주를 만나 신령한 말씀 늘 배우도다
   주님의 마음 본받아 살면서 그 거룩하심 나도 이루리

3. 가는 길 거칠고 험하여도 내 맘에 불평이 없어짐은
   십자가 고난을 이겨내신 주님의 마음 본받음이라
   주님의 마음 본받아 살면서 그 거룩하심 나도 이루리

4. 주 예수 세상에 다시 오실 그날엔 뭇 성도 변화하여
   주님의 빛나는 그 형상을 다 함께 보며 주 찬양하리
   주님의 마음 본받아 살면서 그 거룩하심 나도 이루리

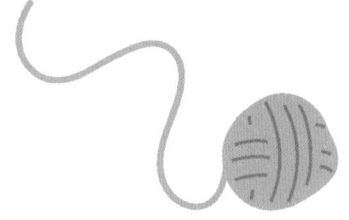

"이 마음을 품으라 곧 그리스도 예수의 마음이니"
빌 2:5

십자가를 질 수 있나

1. 십자가를 질 수 있나 주가 물어보실 때
  죽기까지 따르오리 성도 대답하였다
  우리의 심령 주의 것이니 주님의 형상 만드소서
  주 인도 따라 살아갈 동안 사랑과 충성 늘 바치오리다

2. 너는 기억하고 있나 구원받은 강도를
  그가 회개하였을 때 낙원 허락받았다
  우리의 심령 주의 것이니 주님의 형상 만드소서
  주 인도 따라 살아갈 동안 사랑과 충성 늘 바치오리다

3. 걱정 근심 어둔 그늘 너를 둘러 덮을 때
  주께 네 영 맡기겠나 최후 승리 믿으며
  우리의 심령 주의 것이니 주님의 형상 만드소서
  주 인도 따라 살아갈 동안 사랑과 충성 늘 바치오리다

4. 이런 일 다 할 수 있나 주가 물어보실 때
  용감한 자 바울처럼 선뜻 대답하리라
  우리의 심령 주의 것이니 주님의 형상 만드소서
  주 인도 따라 살아갈 동안 사랑과 충성 늘 바치오리다

"내가 마시려는 잔을 너희가 마실 수 있느냐"
마 20:22

참 아름다워라

1.   참 아름다워라 주님의 세계는
   저 솔로몬의 옷보다 더 고운 백합화
   주 찬송하는 듯 저 맑은 새소리
   내 아버지의 지으신 그 솜씨 깊도다

2.   참 아름다워라 주님의 세계는
   저 아침 해와 저녁놀 밤하늘 빛난 별
   망망한 바다와 늘 푸른 봉우리
   다 주 하나님 영광을 잘 드러내도다

3.   참 아름다워라 주님의 세계는
   저 산에 부는 바람과 잔잔한 시냇물
   그 소리 가운데 주 음성 들리니
   주 하나님의 큰 뜻을 나 알 듯하도다

"땅과 … 세계와 그 가운데에 사는 자들은 다 여호와의 것이로다"
시 24:1

이 세상에 근심된 일이 많고

1. 이 세상에 근심된 일이 많고 참 평안을 몰랐구나
   내 주 예수 날 오라 부르시니 곧 평안히 쉬리로다
   주 예수의 구원의 은혜로다 참 기쁘고 즐겁구나
   그 은혜를 영원히 누리겠네 곧 평안히 쉬리로다

2. 이 세상에 곤고한 일이 많고 참 쉬는 날 없었구나
   내 주 예수 날 사랑하시오니 곧 평안히 쉬리로다
   주 예수의 구원의 은혜로다 참 기쁘고 즐겁구나
   그 은혜를 영원히 누리겠네 곧 평안히 쉬리로다

3. 이 세상에 죄악 된 일이 많고 참 죽을 일 쌓였구나
   내 주 예수 날 건져 주시오니 곧 평안히 쉬리로다
   주 예수의 구원의 은혜로다 참 기쁘고 즐겁구나
   그 은혜를 영원히 누리겠네 곧 평안히 쉬리로다

"평안을 너희에게 끼치노니 … 너희는 마음에 근심하지도 말고 두려워하지도 말라"
요 14:27

어두움 후에 빛이 오며

1. 어두움 후에 빛이 오며
   바람 분 후에 잔잔하고
   소나기 후에 햇빛 나며
   수고한 후에 쉼이 있네

2. 연약함 후에 강건하며
   애통한 후에 위로받고
   눈물 난 후에 웃음 있고
   씨뿌린 후에 추수하네

3. 괴로움 후에 평안 있고
   슬퍼한 후에 기쁨 있고
   멀어진 후에 가까우며
   고독함 후에 친구 있네

4. 고생한 후에 기쁨 있고
   십자가 후에 영광 있고
   죽음 온 후에 영생하니
   이러한 도가 진리로다

"시련을 견디어 낸 자가 … 면류관을 얻을 것이기 때문이라"
약 1:12

이 몸의 소망 무언가

1. 이 몸의 소망 무언가 우리 주 예수뿐일세
   우리 주 예수 밖에는 믿을 이 아주 없도다
   주 나의 반석이시니 그 위에 내가 서리라
   그 위에 내가 서리라

2. 무섭게 바람 부는 밤 물결이 높이 설렐 때
   우리 주 크신 은혜에 소망의 닻을 주리라
   주 나의 반석이시니 그 위에 내가 서리라
   그 위에 내가 서리라

3. 세상에 믿던 모든 것 끊어질 그 날 되어도
   구주의 언약 믿사와 내 소망 더욱 크리라
   주 나의 반석이시니 그 위에 내가 서리라
   그 위에 내가 서리라

4. 바라던 천국 올라가 하나님 앞에 뵈올 때
   구주의 의를 힘입어 어엿이 바로 서리라
   주 나의 반석이시니 그 위에 내가 서리라
   그 위에 내가 서리라

"그 반석은 곧 그리스도시라"
고전 10:4

만세 반석 열리니

1. 만세 반석 열리니 내가 들어갑니다
   창에 허리 상하여 물과 피를 흘린 것
   내게 효험 되어서 정결하게 하소서

2. 내가 공을 세우나 은혜 갚지 못하네
   쉼이 없이 힘쓰고 눈물 근심 많으나
   구속 못 할 죄인을 예수 홀로 속하네

3. 빈손 들고 앞에 가 십자가를 붙드네
   의가 없는 자라도 도와주심 바라고
   생명 샘에 나가니 나를 씻어 주소서

4. 살아생전 숨 쉬고 죽어 세상 떠나서
   거룩하신 주 앞에 끝날 심판 당할 때
   만세 반석 열리니 내가 들어갑니다

"신령한 반석으로부터 마셨으매 그 반석은 곧 그리스도시라"
고전 10:4

하나님의 진리 등대

1. 하나님의 진리 등대 길이길이 빛나니
   우리들도 등대 되어 주의 사랑 비추세
   우리 작은 불을 켜서 험한 바다 비추세
   물에 빠져 헤매는 이 건져 내어 살리세

2. 죄의 밤은 깊어가고 성난 물결 설렌다
   어디 불빛 없는 가고 찾는 무리 많구나
   우리 작은 불을 켜서 험한 바다 비추세
   물에 빠져 헤매는 이 건져 내어 살리세

3. 너의 등불 돋우어라 거친 바다 비춰라
   빛을 찾아 헤매는 이 생명선에 건져라
   우리 작은 불을 켜서 험한 바다 비추세
   물에 빠져 헤매는 이 건져 내어 살리세

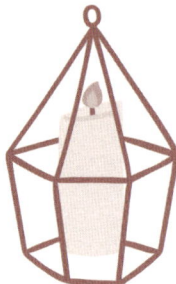

"너희 빛이 사람 앞에 비치게 하여"
마 5:16

옳은 길 따르라 의의 길을

1. 옳은 길 따르라 의의 길을 세계 만민의 참된 길
   이 길 따라서 살기를 온 세계에 전하세 만백성이 나갈 길
   어둔 밤 지나고 동튼다 환한 빛 보아라 저 빛
   주 예수의 나라 이 땅에 곧 오겠네 오겠네

2. 주 예수 따르라 승리의 주 세계 만민이 나아갈
   길과 진리요 참 생명 네 창 검을 부수고 다 따르라 화평 왕
   어둔 밤 지나고 동튼다 환한 빛 보아라 저 빛
   주 예수의 나라 이 땅에 곧 오겠네 오겠네

3. 놀라운 이 소식 알리어라 세계 만민을 구하려
   내 주 예수를 보내신 참사랑의 하나님 만백성이 따를 길
   어둔 밤 지나고 동튼다 환한 빛 보아라 저 빛
   주 예수의 나라 이 땅에 곧 오겠네 오겠네

4. 고난 길 헤치고 찾아온 길 많은 백성을 구한 길
   모두 나와서 믿으면 온 세상이 마침내 이 진리에 살겠네
   어둔 밤 지나고 동튼다 환한 빛 보아라 저 빛
   주 예수의 나라 이 땅에 곧 오겠네 오겠네

"내가 곧 길이요 진리요 생명이니"
요 14:6

너 예수께 조용히 나가

1. 너 예수께 조용히 나가 네 모든 짐 내려놓고
   주 십자가 사랑을 믿어 죄 사함을 너 받으라
   주 예수께 조용히 나가 네 마음을 쏟아 노라
   늘 은밀히 보시는 주님 큰 은혜를 베푸시리

2. 주 예수의 은혜를 입어 네 슬픔이 없어지리
   네 이웃을 늘 사랑하여 너 받은 것 거저 주라
   주 예수께 조용히 나가 네 마음을 쏟아 노라
   늘 은밀히 보시는 주님 큰 은혜를 베푸시리

3. 주 예수를 친구로 삼아 늘 네 옆에 모시어라
   그 영원한 생명 샘물에 네 마른 목 축이어라
   주 예수께 조용히 나가 네 마음을 쏟아 노라
   늘 은밀히 보시는 주님 큰 은혜를 베푸시리

4. 너 주님과 사귀어 살면 새 생명이 넘치리라
   주 예수를 찾는 이 앞에 참 밝은 빛 비추어라
   주 예수께 조용히 나가 네 마음을 쏟아 노라
   늘 은밀히 보시는 주님 큰 은혜를 베푸시리

"수고하고 무거운 짐 진 자들아 다 내게로 오라 내가 너희를 쉬게 하리라"
마 11:28

주의 음성을 내가 들으니

1. 주의 음성을 내가 들으니 사랑한단 말일세
    믿는 맘으로 주께 가오니 나를 영접하소서
    내가 매일 십자가 앞에 더 가까이 가오니
    구세주의 흘린 보배 피로써 나를 정케 하소서

2. 주여 넓으신 은혜 베푸사 나를 받아 주시고
    나의 품은 뜻 주의 뜻 같이 되게 하여 주소서
    내가 매일 십자가 앞에 더 가까이 가오니
    구세주의 흘린 보배 피로써 나를 정케 하소서

3. 주의 보좌로 나아갈 때에 어찌 아니 기쁠까
    주의 얼굴을 항상 뵈오니 더욱 친근합니다
    내가 매일 십자가 앞에 더 가까이 가오니
    구세주의 흘린 보배 피로써 나를 정케 하소서

4. 우리 구주의 넓은 사랑을 측량할 자 없으며
    주가 주시는 참된 기쁨도 헤아릴 수 없도다
    내가 매일 십자가 앞에 더 가까이 가오니
    구세주의 흘린 보배 피로써 나를 정케 하소서

"온전한 믿음으로 하나님께 나아가자"
히 10:22

구주 예수 의지함이

1. 구주 예수 의지함이 심히 기쁜 일일세
   영생 허락받았으니 의심 아주 없도다
   예수 예수 믿는 것은 받은 증거 많도다
   예수 예수 귀한 예수 믿음 더욱 주소서

2. 구주 예수 의지함이 심히 기쁜 일일세
   주를 믿는 나의 마음 그의 피에 적시네
   예수 예수 믿는 것은 받은 증거 많도다
   예수 예수 귀한 예수 믿음 더욱 주소서

3. 구주 예수 의지하여 죄악 벗어 버리네
   안위받고 영생함을 주께 모두 얻었네
   예수 예수 믿는 것은 받은 증거 많도다
   예수 예수 귀한 예수 믿음 더욱 주소서

4. 구주 예수 의지하여 구원함을 얻었네
   영원무궁 지나도록 주여 함께 하소서
   예수 예수 믿는 것은 받은 증거 많도다
   예수 예수 귀한 예수 믿음 더욱 주소서

"내가 주의 말씀을 의지함이니이다"
시 119:42

내 주여 뜻대로

1. 내 주여 뜻대로 행하시옵소서
   온몸과 영혼을 다 주께 드리니
   이 세상 고락간 주 인도하시고
   날 주관하셔서 뜻대로 하소서

2. 내 주여 뜻대로 행하시옵소서
   큰 근심 중에도 낙심케 마소서
   주님도 때로는 울기도 하셨네
   날 주관하셔서 뜻대로 하소서

3. 내 주여 뜻대로 행하시옵소서
   내 모든 일들을 다 주께 맡기고
   저 천성 향하여 고요히 가리니
   살든지 죽든지 뜻대로 하소서

"나의 원대로 마시옵고 아버지의 원대로 하옵소서"
막 14:36

시온의 영광이 빛나는 아침

1. 시온의 영광이 빛나는 아침
 어둡던 이 땅이 밝아오네
 슬픔과 애통이 기쁨이 되니
 시온의 영광이 비쳐오네

2. 시온의 영광이 빛나는 아침
 매였던 종들이 돌아오네
 오래전 선지자 꿈꾸던 복을
 만민이 다 같이 누리겠네

3. 보아라 광야에 화초가 피고
 말랐던 시냇물 흘러오네
 이 산과 저 산이 마주쳐 울려
 주 예수 은총을 찬송하네

4. 땅들아 바다야 많은 섬들아
 찬양을 주님께 드리어라
 싸움과 죄악이 가득한 땅에
 찬송이 하늘에 사무치네

"여호와의 영광이 네 위에 임하였음이니라"
사 60:1

예수 사랑하심을

1. 예수 사랑하심을 성경에서 배웠네
   우리들은 약하나 예수 권세 많도다
   날 사랑하심 날 사랑하심
   날 사랑하심 성경에 쓰였네

2. 나를 사랑하시고 나의 죄를 다 씻어
   하늘 문을 여시고 들어가게 하시네
   날 사랑하심 날 사랑하심
   날 사랑하심 성경에 쓰였네

3. 내가 연약할수록 더욱 귀히 여기사
   높은 보좌 위에서 낮은 나를 보시네
   날 사랑하심 날 사랑하심
   날 사랑하심 성경에 쓰였네

4. 세상 사는 동안에 나와 함께 하시고
   세상 떠나가는 날 천국 가게 하소서
   날 사랑하심 날 사랑하심
   날 사랑하심 성경에 쓰였네

"나도 너희를 사랑하였으니"
요 15:9

선한 목자 되신 우리 주

1. 선한 목자 되신 우리 주 항상 인도하시고
   푸른 풀밭 좋은 곳에서 우리 먹여 주소서
   　선한 목자 구세주여 항상 인도하소서
   　선한 목자 구세주여 항상 인도하소서

2. 양의 문이 되신 예수여 우리 영접하시고
   길을 잃은 양의 무리를 항상 인도하소서
   　선한 목자 구세주여 기도 들어주소서
   　선한 목자 구세주여 기도 들어주소서

3. 흠이 많고 약한 우리를 용납하여 주시고
   주의 넓고 크신 은혜로 자유 얻게 하셨네
   　선한 목자 구세주여 지금 나아갑니다
   　선한 목자 구세주여 지금 나아갑니다

4. 일찍 주의 뜻을 따라서 살아가게 하시고
   주의 크신 사랑 베푸사 따라가게 하소서
   　선한 목자 구세주여 항상 인도하소서
   　선한 목자 구세주여 항상 인도하소서

"선한 목자는 양들을 위하여 목숨을 버리거니와"
요 10:11

내 주는 강한 성이요

1. 내 주는 강한 성이요 방패와 병기되시니
   큰 환난에서 우리를 구하여 내시리로다
   옛 원수 마귀는 이때도 힘을 써
   모략과 권세로 무기를 삼으니
   천하에 누가 당하랴

2. 내 힘만 의지할 때는 패할 수밖에 없도다
   힘 있는 장수 나와서 날 대신 하여 싸우네
   이 장수 누군가 주 예수 그리스도
   만군의 주로다 당할 자 누구랴
   반드시 이기리로다

3. 이 땅에 마귀 들끓어 우리를 삼키려 하나
   겁내지 말고 섰거라 진리로 이기리로다
   친척과 재물과 명예와 생명을
   다 빼앗긴대도 진리는 살아서
   그 나라 영원하리라

"하나님은 우리의 피난처시요 힘이시니"
시 46:1

어느 민족 누구게나

1. 어느 민족 누구게나 결단할 때 있나니
   참과 거짓 싸울 때에 어느 편에 설 건가
   주가 주신 새 목표가 우리 앞에 보이니
   빛과 어둠 사이에서 선택하며 살리라

2. 고상하고 아름답다 진리 편에 서는 일
   진리 위해 억압받고 명예 이익 잃어도
   비겁한 자 물러서나 용감한 자 굳세게
   낙심한 자 돌아오는 그 날까지 서리라

3. 순교자의 빛을 따라 주의 뒤를 쫓아서
   십자가를 등에 지고 앞만 향해 가리라
   새 시대는 새 사명을 우리에게 주나니
   진리 따라 사는 자는 전진하리 언제나

4. 악이 비록 성하여도 진리 더욱 강하다
   진리 따라 살아갈 때 어려움도 당하리
   우리 가는 그 앞길에 어둔 장막 덮쳐도
   하나님이 함께 계셔 항상 지켜 주시리

"너희가 섬길 자를 오늘 택하라"
수 24:15

공중 나는 새를 보라

1. 공중 나는 새를 보라 농사하지 않으며
   곡식 모아 곳간 안에 들인 것이 없어도
   세상 주관하는 주님 새를 먹여 주시니
   너희 먹을 것을 위해 근심할 것 무어냐

2. 들의 백합화를 보라 길쌈 수고 안 해도
   솔로몬의 입은 옷도 이 꽃만 못하였네
   아궁 속에 던질 풀도 귀히 입히시거든
   사랑하는 자녀들을 입히시지 않으랴

3. 너희들은 세상에서 무엇 먹고 마시며
   무슨 옷을 입고 살까 염려하지 말아라
   이는 이방 사람들이 간구하는 것이요
   너희 하늘 아버지는 너희 쓸 것 아신다

4. 너는 먼저 주의 나라 그의 의를 구하면
   하나님이 모든 것을 너희에게 주시리
   내일 일을 위하여서 아무 염려 말지니
   내일 염려하지 말라 오늘 고생 족하다

"공중의 새를 보라 … 너희 하늘 아버지께서 기르시나니"
마 6:26

넓은 들에 익은 곡식

1. 넓은 들에 익은 곡식 황금 물결 뒤치며
   어디든지 태양빛에 향기 진동하도다
   무르익은 저 곡식은 낫을 기다리는데
   때가 지나가기 전에 어서 추수합시다

2. 추수할 것 많은 때에 일꾼 매우 적으니
   열심 있는 일꾼들을 주여 보내 주소서
   무르익은 저 곡식은 낫을 기다리는데
   때가 지나가기 전에 어서 추수합시다

3. 먼동 틀 때 일어나서 일찍 들에 나아가
   황혼 때가 되기까지 추수하게 하소서
   무르익은 저 곡식은 낫을 기다리는데
   때가 지나가기 전에 어서 추수합시다

4. 거둬들인 모든 알곡 천국 창고 들인 후
   주가 베풀 잔치 자리 우리 참여 하겠네
   무르익은 저 곡식은 낫을 기다리는데
   때가 지나가기 전에 어서 추수합시다

"추수할 것은 많되 일꾼이 적으니"
마 9:37

찬양하라 내 영혼아

1. 찬양하라 내 영혼아
   찬양하라 내 영혼아
   온 맘과 정성 다하여
   주 찬양하라

2. 경배하라 내 영혼아
   경배하라 내 영혼아
   온 맘과 정성 다하여
   주 경배하라

"내 영혼아 여호와를 송축하라"
시 103:1

하늘에 계신

1. 하늘에 계신 아버지
이름 거룩하사
주님 나라 임하시고
뜻이 이루어지이다
일용할 양식 주시고
우리들의 큰 죄
다 용서하옵시고
또 시험에 들게 마시고
악에서 구원하소서
대개 주의 나라
주의 권세 주의 영광
영원히 아멘

"하늘에 계신 우리 아버지여"
마 6:9

쓰며 듣다

초판 1쇄 발행 | 2021년 3월 2일

역은이 | 마음지기 편집부
발행처 | 마음지기
발행인 | 노인영
기획 · 편집 | 하조은 · 이연호
디자인 | 문영인
이미지 | 강한나 · 강지나 · 프리픽
협력 | 워십플로우 · 이승권 · 챌로드 · 찬송가공회

등록번호 | 제25100-2014-000054(2014년 8월 29일)
주소 | 경기도 수원시 영통구 광교중앙로 170, A동 1016호(하동, 광교효성해링턴타워)
전화 | 02-6341-5111~2 **FAX** | 031-893-5155
이메일 | maum_jg@naver.com

※ 책 값은 뒤표지에 있습니다.
※ 잘못 만들어진 책은 바꿔 드립니다.
※ 이 책은 저작권법에 의해 보호를 받는 저작물이므로 무단 전재 및 무단 복제를 금합니다.

ISBN 979-11-86590-33-1 03230

마음지기는 여러분의 소중한 꿈과 아이디어가 담긴 원고 및 기획을 기다립니다.

마음지기는

성공은 사람을 넓게 만듭니다. 그러나 실패는 사람을 깊게 만듭니다. 마음지기는 성공을 통해 그 지경을 넓혀 가고, 때때로 찾아오는 어려움을 통해서 영의 깊이를 더해 갈 것입니다. 무슨 일에든지 먼저 마음을 지킬 것입니다.
높은 산꼭대기에 있는 나무의 뿌리가 산 아래 있는 나무의 뿌리보다 깊습니다. 뿌리가 깊기에 견고히 설 수 있습니다. 마음지기는 주님께 깊이 뿌리내리고 그 어떤 상황에서도 주님을 찬양할 것입니다.
"하나님과 가까이 교제하고 교감하는 사람은 그렇지 못한 사람보다 더 행복하다"라고 마시 시머프는 말했습니다. 마음지기는 하나님과 교감하고 교제하기 위해서 하루 24시간을 주님과 동행할 것입니다.

"모든 지킬 만한 것 중에 더욱 네 마음을 지키라 생명의 근원이 이에서 남이니라" 잠언 4:23